· GUESTS ·

PETER PAUPER PRESS, INC.
WHITE PLAINS, NEW YORK

• GUESTS •

· GUESTS ·

• GUESTS •

• GUESTS •

• GUESTS •

• GUESTS •

• GUESTS •

• GUESTS •

• GUESTS •

· GUESTS ·

• GUESTS •

• GUESTS •

· GUESTS ·

• GUESTS •

• GUESTS •

• GUESTS •

_____

_____

_____

_____

_____

_____

_____

_____

_____

_____

_____

_____

· GUESTS ·

• GUESTS •

· GUESTS ·

• GUESTS •

• GUESTS •

• Guests •

• GUESTS •

• GUESTS •

• Guests •

_____

_____

_____

_____

_____

_____

_____

_____

_____

_____

_____

_____

_____

• GUESTS •

• GUESTS •

• GUESTS •

• GUESTS •

• GUESTS •

• GUESTS •

• GUESTS •

· GUESTS ·

_____

_____

_____

_____

_____

_____

_____

_____

_____

_____

_____

_____

• GUESTS •

• GUESTS •

• GUESTS •

• GUESTS •

· GUESTS ·

• GUESTS •

• GUESTS •

• GUESTS •

• GUESTS •

• GUESTS •

• GUESTS •

• GUESTS •

· GUESTS ·

· GUESTS ·

• GUESTS •

• GUESTS •

• GUESTS •

• GUESTS •

_____

_____   _____

                                           _____

                                           _____

_____   _____

                                           _____

                                           _____

_____   _____

                                           _____

_____   _____

                                           _____

• GUESTS •

· GUESTS ·

• GUESTS •

• GUESTS •

_____   _____

                                         _____

                                         _____

_____   _____

                                         _____

                                         _____

_____   _____

                                         _____

_____   _____

                                         _____

• GUESTS •

• GUESTS •

· GUESTS ·

• GUESTS •

• GUESTS •

· GUESTS ·

• GUESTS •

· GUESTS ·

• GUESTS •

· GUESTS ·

• GUESTS •

• GUESTS •

· GUESTS ·

• G U E S T S •

• GUESTS •

· GUESTS ·

• GUESTS •

• GUESTS •

• GUESTS •

• GUESTS •

· GUESTS ·

• GUESTS •

• GUESTS •

• GUESTS •

• GUESTS •

_____

_____

_____

_____

_____

_____

_____

_____

_____

_____

_____

_____

_____

• GUESTS •

• GUESTS •

• GUESTS •

• GUESTS •

• GUESTS •

• GUESTS •

· GUESTS ·

_____

_____

_____

_____

_____

_____

_____

_____

_____

_____

_____

_____

_____

· GUESTS ·

• GUESTS •

• GUESTS •

• GUESTS •

• GUESTS •

• GUESTS •

• GUESTS •

• GUESTS •